Khalil Gibran · Der Wanderer

KHALIL GIBRAN

DER WANDERER

Mit Zeichnungen
des Autors

Goldmann Verlag

Aus dem Amerikanischen übertragen von Hans Christian Meiser
Die amerikanische Originalausgabe erschien unter dem Titel
»The Wanderer« bei Alfred A. Knopf, Inc., New York

Printed in Germany
3-442-30325-7

Inhalt

Der Wanderer

Ich traf ihn an der Gabelung eines Weges. Er trug nichts bei sich als seinen Umhang und einen Stab; und auf seinem Antlitz lag ein Schleier von Schmerz. Wir grüßten einander, und ich sprach: »Komm in mein Haus, und sei mein Gast.«

Und er trat näher.

Mein Weib und meine Kinder kamen uns an der Türschwelle entgegen; lächelnd blickte er sie an, und sie freuten sich über sein Kommen.

Dann saßen wir gemeinsam am Tisch und fühlten uns glücklich mit ihm, denn es umhüllten ihn Ruhe und Geheimnis.

Nach dem Abendmahl setzten wir uns um das Feuer, und ich fragte ihn nach seinen Wanderungen.

In dieser Nacht hörten wir viele Geschichten, und auch am folgenden Tag – doch was ich nun wiedergebe, wurde aus der Schwere

seines Lebens geboren, obwohl er selbst gütig war und nur seine Geschichten den Staub und die Mühsal seines Weges atmen.

Und als er nach drei Tagen wieder von uns ging, da spürten wir, daß dieser Gast uns nicht wirklich verlassen hatte; eher war es so, daß einer von uns draußen im Garten stand und noch nicht eingetreten war.

Gewänder

Schönheit und Häßlichkeit trafen sich eines Tages an der Küste des Meeres. Und sie sprachen zueinander: »Laß uns hinausschwimmen.«

Sie legten ihre Kleider ab und badeten in den Fluten. Nach kurzer Zeit kam die Häßlichkeit zum Ufer zurück, zog sich das Gewand der Schönheit über und machte sich davon.

Und als die Schönheit dem Meer entstieg, da fand sie ihr Gewand nicht mehr und streifte sich die Kleidung der Häßlichkeit über. Und auch sie ging ihres Weges.

Seitdem werden beide von Männern wie von Frauen verwechselt.

Doch gibt es welche, die haben das Antlitz der Schönheit erblickt und erkennen sie – ungeachtet ihres Kleides; und andere gibt es, die das Gesicht der Häßlichkeit kennen, und auch ihr Gewand vermag nicht, es vor ihren Augen zu verbergen.

Der Adler und die Lerche

Eine Lerche und ein Adler begegneten einander auf dem Gipfel eines mächtigen Hügels. Die Lerche sagte: »Guten Morgen, mein Herr!« Und der Adler blickte herab und antwortete müde: »Guten Morgen.«

Da sprach die Lerche: »Ich hoffe, es geht Euch gut.«

»Ja«, grollte der Adler, »es ist alles in Ordnung. Doch weißt du nicht, daß wir Adler die Könige der Vögel sind und daß man nicht sprechen soll, bevor wir selbst unsere Stimme erheben?«

Die Lerche antwortete: »Mich dünkt, wir stammen aus derselben Familie.«

Verächtlich richtete der Adler seinen Blick auf die Lerche und sprach: »Wer hat je behauptet, daß du und ich aus derselben Familie stammen?«

»Ich möchte Euch nur daran erinnern, daß ich ebenso hoch fliegen kann wie Ihr und daß ich singe und damit anderen Geschöpfen auf dieser Erde Freude bringe; doch Ihr bereitet weder Freude noch Entzücken«, sagte die Lerche.

Der Adler wurde ärgerlich und rief: »Freude und Entzücken! Du kleines dreistes Wesen! Mit einem Hieb meines Schnabels könnte ich dich töten. Du bist ja nicht einmal so groß wie eine meiner Krallen!«

Da hüpfte die Lerche auf den Rücken des Adlers und begann in dessen Federkleid herumzuhacken. Zornig erhob sich der Adler in die Lüfte, steil und schnell, um den kleinen Vogel abzuschütteln. Doch es gelang ihm nicht. Schließlich ließ er sich wieder auf den Gipfel des Hügels nieder; mehr als zuvor schäumte er vor Wut, denn das zierliche Geschöpf saß immer noch auf seinem Rükken. Der Adler verwünschte seine mißliche Lage.

In diesem Augenblick kam eine kleine Taube vorbei und lachte über das, was da vor sich ging; sie lachte so herzlich, daß sie sich kaum mehr halten konnte.

Von oben herab blickte der Adler auf die Taube und rief: »Du kleines kriechendes Ding

du, das nie von der Erde loskommt, worüber lachst du so dumm?«

»Nun, ich sehe«, antwortete die Taube, »Ihr habt Euch in ein Pferd verwandelt, und ein kleiner Vogel reitet auf Euch. Doch ist der kleine Vogel der Bessere.«

Da plusterte sich der Adler auf: »Kümmere du dich um deine Geschäfte! Das hier ist eine Familienangelegenheit zwischen meiner Schwester, der Lerche, und mir!«

Das Liebeslied

Ein Dichter schrieb einst ein wundervolles Liebeslied. Er verfaßte einige Abschriften davon und sandte diese seinen Freunden und Bekannten – Männern wie Frauen –, darunter auch einem Mädchen, welches er einmal getroffen hatte und das hinter den Bergen wohnte.

Nach einem oder zwei Tagen kam ein Bote des Mädchens und brachte einen Brief. Darin stand geschrieben: »Laß mich dir versichern, daß ich tief ergriffen bin von dem Lied der Liebe, welches du für mich gedichtet. Komm zu mir, lerne meinen Vater und meine Mutter kennen, auf daß wir die Vorbereitungen für unsere Verlobung treffen.«

Daraufhin antwortete ihr der Dichter in einem Brief: »Meine Freundin, dies war ein Liebeslied, geboren aus des Dichters Herzen; doch singt es ein jeder Mann für jede Frau.«

Sie aber schrieb zurück: »Du Heuchler und Lügner! Von heute an bis zu meinem letzten Tag werde ich alle Dichter hassen wegen dir!«

Tränen und Gelächter

Am Ufer des Nils, zur Abendzeit, begegneten sich eine Hyäne und ein Krokodil. Sie hielten inne und begrüßten sich.

»Wie geht es Euch, mein Herr?« fragte die Hyäne.

Das Krokodil antwortete: »Mir geht es nicht gut. Denn manchmal, wenn ich Schmerzen habe oder traurig bin und deshalb weine, dann rufen alle Kreaturen: ›Nichts als Krokodilstränen!‹ Und das verletzt mich doch sehr.«

»Ihr sprecht«, sagte darauf die Hyäne, »von Eurem Schmerz und Eurem Leid. Doch denkt einmal nur einen Augenblick auch über mich nach. Ich bestaune die Schönheit der Welt, ihre Wunder und ihren Zauber. Und aus reiner Freude lache ich dann – wie ja auch der Tag lacht. Aber die Leute im Dschungel sagen nur: ›Das ist bloß das Gelächter einer Hyäne.‹«

Auf dem Jahrmarkt

Ein anmutiges Mädchen vom Lande ging einst auf den Jahrmarkt. Ihr Antlitz glich einer Lilie und einer Rose; und der Glanz der Abendsonne lag auf ihrem Haar, und die Morgenröte lächelte von ihren Lippen.

Kaum hatte die liebliche Fremde den Jahrmarkt erreicht, da suchten schon die jungen Männer ihre Nähe und umringten sie. Der eine wollte mit ihr tanzen, ein anderer ihr zu Ehren einen Kuchen anschneiden lassen. Und alle wünschten sich, ihre Wangen zu küssen. Denn schließlich war Jahrmarkt.

Das Mädchen war erschrocken und entrüstet und dachte schlecht über die jungen Männer. Sie wies sie zurecht und schlug sogar einem oder zweien ins Gesicht. Dann lief sie fort.

Am Abend, auf dem Heimweg, sprach sie zu sich: »Ich bin empört! Wie unmanierlich und schlecht erzogen sind doch diese Männer.

Es ist nicht zu ertragen!«

Es verging ein Jahr, und das schöne Mädchen machte sich Gedanken über Jahrmärkte und Männer. Und eines Tages ging sie wieder auf den Jahrmarkt. Wieder glich ihr Antlitz einer Lilie und einer Rose; und der Glanz der Abendsonne lag auf ihrem Haar, und die Morgenröte lächelte von ihren Lippen.

Doch als die jungen Männer sie nun sahen, wandten sie sich ab. Den ganzen Tag lang blieb sie unbeachtet und allein.

Am Abend, auf dem Heimweg, erzürnte sie sich aber: »Ich bin empört! Wie unmanierlich und schlecht erzogen sind doch diese jungen Männer. Es ist nicht zu ertragen!«

Die beiden Fürstinnen

In der Stadt Shawakis lebte ein Fürst, und alle liebten ihn, Männer, Frauen und Kinder. Selbst die Tiere des Feldes kamen, um ihn zu begrüßen.

Doch man sagte, daß ihn seine Frau, die Fürstin, nicht lieben würde, ja sogar, daß sie ihn haßte.

Eines Tages kam die Fürstin einer benachbarten Stadt, um der Herrscherin von Shawakis ihre Aufwartung zu machen. Während sie sich unterhielten, kamen sie auch auf ihre Ehemänner zu sprechen.

Die Fürstin von Shawakis sagte voller Leidenschaft: »Ich beneide dich um das Glück mit deinem Gatten, dem Fürsten, da du schon so lange glücklich mit ihm verheiratet bist. Ich dagegen hasse meinen Mann; denn er gehört mir nicht alleine. Wahrlich, ich bin mehr als unglücklich!«

Die andere Fürstin blickte sie lange an und

sagte: »Meine Freundin, in Wahrheit liebst du deinen Gatten. Ja, du hegst sogar noch immer eine unerschöpfliche Leidenschaft für ihn; denn das Leben in einer Frau ist wie der Frühling in einem Garten. Doch bedauere du mich und meinen Gatten, denn wir ertragen einander nur mit stiller Geduld. Jedoch du und die anderen haltet dies für Glück.«

Der Blitzstrahl

Ein Bischof stand an einem gewittrigen Tag in seiner Kathedrale. Da kam eine Heidin, trat vor ihn und sprach: »Ich bin keine Christin. Gibt es für mich eine Rettung vor dem Feuer der Hölle?«

Der Bischof sah die Frau an und antwortete, indem er sprach: »Nein, Rettung gibt es nur für die, welche mit dem Wasser und durch den Geist getauft sind.«

Im Augenblick, da er dies sprach, fuhr ein Blitzstrahl vom Himmel hernieder, gefolgt von einem fürchterlichen Donner, schlug in die Kathedrale ein und entfachte eine Feuersbrunst.

Die Menschen aus der Stadt kamen gelaufen und retteten die Frau; doch den Bischof verzehrten die Flammen.

Der Einsiedler und die wilden Tiere

Inmitten des grünen Hügellandes lebte einst ein Einsiedler. Rein war sein Geist und voller Unschuld sein Herz. Alle Tiere der Gegend und alle Vögel unter dem Himmel suchten ihn auf, und er sprach zu ihnen. Stets kamen sie als Paare zu ihm. Sie versammelten sich um ihn herum, lauschten seinen Worten und gingen erst, wenn die Nacht hereinbrach; er sandte sie dann davon, segnete sie und vertraute sie wieder dem Wind und den Wäldern an.

Eines Abends, als er von der Liebe redete, erhob eine Leopardin ihre Stimme und sagte zu ihm: »Du sprichst zu uns von der Liebe. Wo ist deine Gattin, Meister?«

Und der Einsiedler antwortete: »Ich habe keine Gattin.«

Da erhob sich ein lauter Schrei des Erstaunens aus der Versammlung der Tiere und der Vögel, und sie sprachen unter sich: »Wie kann

er uns etwas von Liebe und Gemeinschaft erzählen, ohne selbst etwas davon zu wissen?« Und leise machten sie sich davon und achteten ihn gering.

In dieser Nacht lag der Einsiedler auf seiner Matte, und er weinte bitterlich und schlug sich mit den Fäusten gegen die Brust.

Der Prophet und das Kind

Eines Tages begegnete der Prophet in einem Garten einem Kind. Es lief zu ihm hin und rief: »Guten Morgen, Herr«, und der Prophet erwiderte: »Guten Morgen auch dir. Ich sehe, du bist alleine.«

Da lachte das Kind und sagte vergnügt: »Es dauerte ziemlich lange, bis ich meine Kinderfrau loswurde. Sie glaubt, ich bin hinter dieser Hecke; doch du siehst, daß ich hier bin.« Dann blickte es in des Propheten Antlitz und fuhr fort: »Du bist auch alleine. Was hast du mit deiner Kinderfrau gemacht?«

Der Prophet antwortete, indem er sprach: »Ja, das war eine schwierige Angelegenheit. Aber um die Wahrheit zu sagen, es gelingt mir nicht oft, sie loszuwerden. Doch jetzt, da ich in diesem Garten bin, sucht sie mich wohl auch hinter dieser Hecke.«

Das Kind klatschte in die Hände und rief: »Dann bist auch du verlorengegangen, so wie

ich. Ist es nicht schön, sich zu verstecken?« Und gleich danach fragte es: »Wer bist du eigentlich?«

Der Mann antwortete: »Ich werde der Prophet Sharia genannt. Und nun sag mir, wer du bist.«

»Ich bin nur ich selbst«, meinte das Kind, »und meine Kinderfrau sucht mich und weiß nicht, wo ich bin.«

Da starrte der Prophet ins Leere und sprach: »Ich bin meiner Kinderfrau auch für kurze Zeit entkommen, doch wird sie mich finden.«

Das Kind erwiderte: »Ich weiß, und auch die meine wird mich finden.«

In diesem Augenblick war die Stimme einer Frau zu hören, die den Namen des Kindes rief. »Ich wußte, sie würde mich finden«, murmelte das Kind.

Und zur gleichen Zeit war eine andere Stimme zu vernehmen, die rief: »Wo bist du, Sharia?«

Der Prophet sagte: »Du siehst, mein Kind, man hat auch mich gefunden.«

Und Sharia wandte sein Antlitz nach oben und antwortete: »Hier bin ich.«

Die Perle

Eine Auster sprach zu ihrer Nachbarin: »Ich trage großen Schmerz in mir. Schwer ist er und rund, und ich habe große Not.«

Die andere Auster antwortete mit überheblicher Selbstzufriedenheit: »Gelobt sei der Himmel und das Meer, denn ich habe keine Schmerzen. Es geht mir gut, innen und außen.«

In diesem Augenblick kam ein Krebs vorbei und hörte die beiden Austern. Darauf sagte er zu derjenigen, die innen wie außen unversehrt war: »Ja, dir geht es wohl gut; doch der Schmerz, den deine Nachbarin in sich trägt, ist eine Perle von hinreißender Schönheit.«

Körper und Seele

Ein Mann und eine Frau saßen an einem Fenster, das zum Frühling hin geöffnet war. Ganz eng saßen sie beieinander. Und die Frau sagte: »Ich liebe dich. Du bist großzügig, du bist reich und du bist immer gut gekleidet.«

Der Mann erwiderte: »Ich liebe dich. Du bist ein wundervoller Gedanke, etwas, das zu einzigartig ist, um es in Händen zu halten; du bist ein Lied in meinen Träumen.«

Da wandte sich die Frau verärgert ab und rief: »Bitte, laß mich jetzt allein. Ich bin kein Gedanke, und ich bin nicht etwas, das durch deine Träume zieht. Ich bin eine Frau. Ich wünschte, du würdest mich als Frau begehren und als Mutter deiner ungeborenen Kinder!«

Und sie schieden voneinander.

Da sprach der Mann: »Siehe, eben hat sich ein Traum in Nebel aufgelöst.«

Und die Frau sagte: »Was ist das für ein Mann, der aus mir einen Nebel und einen Traum macht?«

Der König

Die Einwohner des Reiches Sadik umstellten den Palast ihres Königs und riefen die Rebellion gegen ihn aus. Da schritt der König die Stufen seines Palastes herab; in der einen Hand trug er eine Krone, in der anderen das Zepter. Seine majestätische Erscheinung ließ die Menge verstummen. Er trat vor sie hin und sprach: »Meine Freunde, die ihr nicht länger meine Untertanen sein wollt, hier bringe ich euch meine Krone und mein Zepter. Ich werde nun einer von euch sein, denn ich bin auch nur ein Mann, und als solcher will ich gemeinsam mit euch arbeiten, auf daß unser Los ein besseres werde. Es besteht kein Bedürfnis nach einem König. Laßt uns also auf die Felder und in die Weinberge gehen und Hand in Hand arbeiten. Nur müßt ihr mir sagen, zu welchem Acker oder Weinberg ich gehen soll. Von nun an sei ein jeder von euch König.«

Die Leute waren verwundert, und Stille breitete sich unter ihnen aus, da der König, den sie für den Grund ihrer Unzufriedenheit gehalten hatten, ihnen nun Krone und Zepter anbot und einer von ihnen werden wollte.

Jeder ging nun seines Weges, und der König begleitete einen Mann auf ein Feld.

Doch es ging dem Reich von Sadik ohne einen König nicht besser, und der Schatten der Unzufriedenheit lag noch immer über dem Land. Die Menschen auf dem Marktplatz riefen, daß sie regiert werden wollten und daß sie einen König bräuchten, der über sie herrsche. Selbst die Alten wie die Jungen waren einer Meinung: »Wir wollen unseren König haben.«

Also suchten sie den König und fanden ihn, als er gerade einen Acker umpflügte. Und sie hoben ihn wieder auf seinen Thron, brachten ihm Krone und Zepter und riefen: »Nun regiere mit Kraft und Gerechtigkeit.«

Da sprach der König: »Ich werde regieren mit Stärke und Kraft; mögen die Götter des Himmels und der Erde mir beistehen, daß ich euch gerecht regiere.«

Nun traten Männer und Frauen vor ihn und

berichteten von einem Landvogt, der sie schlecht behandelte und für den sie nichts als Leibeigene wären. Sofort ließ der König diesen Mann kommen und sprach: »In der Waagschale Gottes ist das Leben eines Mannes ebensoviel wert wie das eines anderen. Und da du nicht weißt, wieviel das Leben derer, die auf deinen Feldern und in deinen Weinbergen arbeiten, wert ist, wirst du für immer aus diesem Königreich verbannt.«

Am nächsten Morgen kam eine Abordnung zum König und erzählte von den Grausamkeiten einer Schloßherrin hinter den Hügeln und wie sie die Menschen in Verzweiflung und Elend gestürzt hätte. Umgehend wurde sie vor Gericht gebracht, und der König verbannte auch sie, indem er sprach: »Diejenigen, die unsere Felder und Weinberge bestellen, sind edler als wir, die wir das Brot essen, das sie für uns bereiten, und die wir den Wein aus ihrer Kelter trinken. Da du dies nicht weißt, wirst du dieses Land verlassen und diesem Königreich fernbleiben.«

Daraufhin kamen Männer und Frauen, die klagten, daß der Bischof sie zwinge, Steine herbeizuschleppen und sie für den Bau einer

Kathedrale zu behauen, aber er gäbe ihnen nichts dafür; jedoch wüßten sie, daß die Schatzkammer des Bischofs voll von Gold und Silber sei, während sie selbst arm und hungrig blieben.

Da rief der König den Bischof zu sich und sprach zu ihm: »Das Kreuz, welches du auf der Brust trägst, bedeutet, Leben dem Leben zu geben. Doch du hast Leben vom Leben genommen und keines gegeben. Daher wirst du dieses Königreich verlassen und nie wieder zurückkommen.«

Demgemäß kamen jeweils, wenn der Mond voll war, Männer und Frauen zum König, um ihm von dem Leid zu berichten, das auf ihnen lastete. Und jedesmal wurde dann einer der Unterdrücker aus dem Land gejagt.

Die Einwohner von Sadik wurden dadurch in Erstaunen versetzt, und Frohsinn zog in ihre Herzen ein.

Und eines Tages kamen die Alten und die Jungen zusammen, umringten den Palast des Königs und riefen nach ihm. Er stieg herab und hielt seine Krone in der einen Hand, das Zepter in der anderen.

Und er sprach zu ihnen: »Nun, was wollt ihr

von mir? Habe ich euch nicht gewährt, was ihr von mir wünschtet?«

Da riefen sie: »Doch, doch! Du bist unser rechtmäßiger König. Du hast das Land von den Vipern befreit und hast die Wölfe unschädlich gemacht, und wir kommen nun, um dir Dank zu sagen. Dein sei die Krone als Zeichen deiner Macht, und das Zepter trage zu deiner Ehre.«

Da sprach der König: »Nicht ich, ihr selbst seid der König. Als ihr mich für einen schwachen und schlechten Regenten hieltet, da wart ihr selbst schwach und schlecht. Aber nun geht es dem Land gut, denn ihr wollt es so. Ich bin nur eine Vorstellung nach euer aller Willen, und ich lebe nur in euren Taten. Es gibt keine eigentlichen Statthalter. Denn die, welche gelenkt werden, leben nur, um sich selbst zu lenken.«

Der König schritt wieder in seinen Palast zurück mit Krone und Zepter; und die Alten und die Jungen gingen ihres Weges; und sie waren zufrieden.

Ein jeder hielt sich nun für einen König mit einer Krone in der einen Hand und mit einem Zepter in der anderen.

Worte im Sand

Ein Mann sprach zu einem anderen: »Vor langer Zeit schrieb ich mit der Spitze meines Stabes eine Zeile in den Sand – als die Flut kam; und die Menschen bleiben immer noch stehen, um die Worte zu lesen, und sie achten darauf, daß sie nicht verwischt werden.«

Und der andere Mann sprach: »Auch ich schrieb eine Zeile in den Sand, doch zur Zeit der Ebbe; und eine Woge der rauhen See spülte sie fort. Aber sage mir, was hast du geschrieben?«

Und der erste Mann antwortete, indem er sprach: »Dieses: ›Ich bin der, der ist.‹ Und wie lauteten deine Worte?«

Der andere sprach: »Ich schrieb: ›Ich bin nur ein Tropfen dieses weiten Ozeans.‹«

Die drei Gaben

In der Stadt Becharrè lebte einst ein Fürst, der von seinen Untertanen geliebt und verehrt wurde.

Doch es gab einen überaus armen Mann, dessen Herz voll Bitterkeit gegen den Fürsten war und der fortwährend geringschätzig über ihn sprach.

Der Fürst wußte davon, doch er duldete es.

Aber schließlich besann er sich eines anderen. In einer Winternacht kam einer seiner Diener zu dem Mann und brachte ihm einen Sack Mehl, einen Beutel voll Seife und eine Tüte Zucker.

Der Diener sagte: »Der Fürst sendet dir diese Geschenke als Zeichen seiner Aufmerksamkeit.«

Da war der Mann freudig bewegt, denn er hielt die Gaben für ein Zeichen fürstlicher Huld. Voller Stolz ging er zum Bischof, erzählte ihm davon und sagte: »Siehst du nicht, wie sich der Fürst mein Wohlwollen wünscht?«

Doch der Bischof sprach: »O wie weise der Fürst doch ist, und wie einfältig bist du! Er spricht in Bildern: Das Mehl ist für deinen leeren Magen bestimmt, die Seife für deine schmutzige Haut, und der Zucker soll deine bittere Zunge süßer machen.«

Von diesem Tag an wurde der Mann argwöhnisch, sogar gegen sich selbst. Sein Haß auf den Fürsten war größer denn je zuvor; aber noch mehr haßte er den Bischof, weil dieser ihm die wahre Größe des Fürsten gezeigt hatte.

Und fortan schwieg er.

Friede und Krieg

Drei Hunde unterhielten sich in der Sonne.

Verträumt meinte der erste: »Es ist in der Tat wunderbar, in diesem Zeitalter des Hundereichs zu leben. Denkt nur einmal, wie bequem wir zu Wasser, zu Lande und selbst in der Luft reisen können. Und beachtet bitte die Erfindung, die nur für das Wohlergehen der Hunde gemacht wurde, gerade für unsere Augen, Ohren und Nasen.«

Und der zweite Hund sagte: »Wir kümmern uns mehr denn je um die Kunst. Wir heulen den Mond rhythmischer an als dies unsere Vorfahren taten. Und wenn wir uns im Wasser betrachten, stellen wir fest, daß unsere Gesichtszüge klarer sind als die aus vergangenen Tagen.«

Darauf sprach der dritte: »Was mich jedoch am meisten bewegt und verwundert, ist das friedliche Einvernehmen, welches zwischen den einzelnen Hundereichen herrscht.«

In diesem Augenblick schauten sie auf, und siehe, ein Hundefänger näherte sich.

Die drei Hunde sprangen auf und nahmen Reißaus, die Straße hinunter. Während sie rannten, rief der dritte Hund: »Um Himmels willen, lauft um euer Leben! Die Zivilisation ist hinter uns her!«

Die Tänzerin

An den Hof des Fürsten von Birkasha kam einst eine Tänzerin, von Musikanten begleitet. Sie erhielt die Erlaubnis aufzutreten und tanzte vor dem Fürsten zu der Musik von Laute, Flöte und Harfe.

Den Flammentanz tanzte sie und den Tanz der Schwerter und Speere; sie tanzte den Sternentanz und den Tanz des Universums. Und schließlich tanzte sie den Tanz der Blumen im Wind.

Danach stand sie vor dem Thron des Fürsten und verneigte sich. Der Fürst bat sie näher zu treten und sprach zu ihr: »Schönes Weib, du Tochter von Anmut und Wonne, woher stammt deine Kunst? Wie kommt es, daß alle Kräfte der Natur in deine Bewegungen und deine Lieder fließen?«

Wieder verneigte sich die Tänzerin vor dem Fürsten und antwortete: »Mächtiger und gütiger Herrscher, ich kenne die Antwort auf

deine Fragen nicht. Ich weiß nur dies: Des Philosophen Seele wohnt in seinem Haupt, die des Dichters in seinem Herzen; die Seele des Sängers hält sich irgendwo in seiner Kehle auf, doch der Tänzerin Seele fließt in ihrem ganzen Körper.«

Die beiden Schutzengel

Eines Abends begegneten sich zwei Schutzengel am Stadttor. Sie grüßten einander, und der eine Engel fragte: »Was machst du in diesen Tagen, und welche Aufgabe ist dir anvertraut?«

»Mir wurde die Pflicht auferlegt«, antwortete der andere Engel, »einen gefallenen Mann zu beschützen; er lebt unten im Tal, ist ein großer Sünder und äußerst verwahrlost. Ich versichere dir, das ist eine verantwortungsvolle Aufgabe, und ich arbeite schwer daran.«

Der erste Engel meinte: »Das ist doch ein leichter Auftrag. Ich habe viele Sünder gekannt und bin oftmals ihr Wächter gewesen. Doch nun wurde mir die Pflicht auferlegt, mich um einen frommen Mann zu kümmern, der in der schattigen Klause dort drüben wohnt. Und ich versichere dir, dies ist eine besonders schwierige und sehr heikle Aufgabe.«

Darauf erboste sich der andere Engel: »Was für eine Anmaßung! Wie kann das Wachen über einen Heiligen schwieriger sein als das Wachen über einen Sünder?«

Und der erste Engel erwiderte zornig: »Unverschämtheit! Du nennst mich anmaßend? Ich habe nur die Wahrheit gesagt. Ich glaube, du selbst bist anmaßend!«

Die Engel rangen und kämpften miteinander, zuerst mit Worten, dann mit Fäusten und Flügeln.

Und während sie kämpften, kam ein Erzengel vorbei, der ihrem Treiben Einhalt gebot. »Warum kämpft ihr?« rief er. »Worum geht es überhaupt? Wißt ihr nicht, daß es höchst unpassend für Schutzengel ist zu kämpfen? Nennt mir den Grund eures Zwistes!«

Da redeten die beiden Engel zu gleicher Zeit auf ihn ein; jeder beteuerte, daß die Arbeit, welche ihm zugeteilt worden war, die schwierigere sei und daß ihm die größere Anerkennung dafür zustehe.

Der Erzengel schüttelte den Kopf und überlegte.

Dann sprach er: »Meine Freunde, ich kann nicht sagen, wer von euch das größere Recht auf Ehre und Anerkennung hat. Doch weil mir die Macht verliehen wurde, mich um den Frieden und um eine gute Schutzwache zu kümmern, teile ich jedem von euch die Aufgabe des anderen zu, da ihr ja darauf besteht, daß jeweils der Auftrag des anderen der einfachere sei. Nun geht, und tut eure Arbeit!«

So gemaßregelt machten sich die Engel auf ihren Weg. Doch ein jeder blickte mit noch größerem Zorn auf den Erzengel zurück. Und jeder dachte: »Diese Erzengel! Jeden Tag wird für uns einfache Engel das Leben durch sie schwerer und schwerer!«

Der Erzengel aber stand da und überlegte noch einmal. Dann sprach er zu sich: »Wir müssen tatsächlich achtsam sein und über unsere Schutzengel Wache halten.«

Die Statue

Einst lebte inmitten der Hügel ein Mann, der besaß eine Statue, die von einem antiken Meister geschaffen worden war. Sie lag vor seinem Haus, mit dem Antlitz nach unten, und er kümmerte sich nicht um sie.

Eines Tages kam ein Mann aus der Stadt vorbei, der sehr gebildet war. Als er die Statue sah, erkundigte er sich bei dem Besitzer, ob sie zu verkaufen sei.

Dieser lachte nur und meinte: »Um Himmels willen, wer wird denn einen so stumpfen und schmutzigen Stein haben wollen?«

»Ich gebe dir ein Silberstück dafür«, sagte der Mann aus der Stadt.

Der andere war einverstanden und freute sich.

Auf dem Rücken eines Elefanten wurde die Statue in die Stadt gebracht. Und nachdem viele Monate vergangen waren, kam der Mann von den Hügeln in die Stadt. Als er durch die Straßen ging, nahm er vor einem Zelt eine große Menschenmenge wahr, und ein Mann rief mit lauter Stimme: »Kommt herein und seht die wundervollste Statue der ganzen Welt! Nur zwei Silberstücke, und ihr könnt dieses Wunderwerk eines wahren Meisters bestaunen!«

Daraufhin bezahlte der Mann von den Hügeln zwei Silberstücke und betrat das Zelt, um die Statue zu sehen, die er selbst für ein Silberstück verkauft hatte.

Der Tausch

Ein armer Dichter traf einst an einer Wegkreuzung auf einen reichen Dummkopf, und sie unterhielten sich. Aber alles, was sie sagten, brachte nichts als ihre Unzufriedenheit zutage.

Da kam der Engel der Straße vorbei, und er legte seine Hände auf die Schultern der beiden. Und siehe, ein Wunder geschah: Die zwei Männer hatten nun ihren Besitz getauscht.

Daraufhin trennten sie sich. Doch seltsam: Der Dichter fand nur trockenen Fließsand in seiner Hand; und der Dummkopf schloß die Augen und spürte nichts als wandernde Wolken in seinem Herzen.

Liebe und Haß

Eine Frau sprach zu einem Mann: »Ich liebe dich.« Und der Mann antwortete: »Es liegt mir sehr am Herzen, deiner Liebe würdig zu sein.«

Da fragte die Frau: »Du liebst mich also nicht?« Und der Mann blickte sie nur an und erwiderte nichts.

Da schrie die Frau laut: »Ich hasse dich!« Und der Mann sprach: »Es liegt mir ebenso am Herzen, deines Hasses würdig zu sein.«

Träume

Ein Mann träumte, und als er erwachte, suchte er einen Traumdeuter auf und bat ihn, ihm seinen Traum zu erklären.

Da sprach der Traumdeuter: »Komm zu mir mit deinen Wachträumen, und ich werde dir ihre Bedeutung aufzeigen. Doch die Träume deines Schlafes haben weder mit meinem Wissen noch mit deiner Einbildungskraft zu tun.«

Der Irre

Im Garten eines Irrenhauses traf ich einen jungen Mann mit einem blassen Gesicht, jedoch hübsch und geheimnisvoll anzusehen.

Ich setzte mich zu ihm auf die Bank und fragte: »Weshalb bist du hier?«

Erstaunt blickte er mich an und sprach: »Das ist eine unziemliche Frage, doch will ich dir antworten. Mein Vater wollte aus mir ein Spiegelbild seiner selbst machen, und auch mein Onkel wollte dies. Meine Mutter meinte, ich müsse ihrem berühmten Vater gleichen. Meine Schwester wünscht, daß ich dem Beispiel ihres zur See fahrenden Mannes folgen solle, und mein Bruder rät mir, so wie er ein großer Athlet zu werden.

Und auch meine Lehrer, der Professor der Philosophie, der Musiker und der Logiker, sie waren ebenso fest entschlossen, ein Abbild ihrer selbst aus mir zu machen.

Deshalb kam ich hierher. Dieser Ort ist

gesünder für mich. Wenigstens hier kann ich ich selbst sein.«

Plötzlich wandte er sich um und fragte: »Doch sage mir, mußtest auch du aufgrund deiner Erziehung und wegen solch gut gemeinter Absichten hierherkommen?«

»Nein, ich bin ein Besucher«, antwortete ich.

»Aha«, meinte er, »dann bist du also einer von denen, die im Irrenhaus auf der anderen Seite der Mauer wohnen.«

Die Frösche

An einem Sommertag sagte ein Frosch zu seiner Frau: »Ich fürchte fast, daß die Leute, die in dem Haus am Ufer wohnen, sich durch unseren Nachtgesang gestört fühlen.«

Seine Frau antwortete: »Möglich, doch stören sie nicht auch unsere Ruhe während des Tages mit ihrem Gerede?«

»Vergiß nicht«, meinte der Frosch, »daß wir vielleicht während der Nacht doch zuviel singen.«

»Und vergiß du nicht«, erwiderte die Frau, »daß sie den ganzen Tag lang über alle Maßen lärmen und schwatzen.«

Der Frosch entgegnete: »Und was ist mit dem Ochsenfrosch, der die ganze Nachbarschaft mit seinem fürchterlichen Quaken verrückt macht?«

Daraufhin antwortete seine Frau: »Ja, aber was hältst du von dem Politiker, dem Priester und dem Forscher, die mit ihrem lauten und

unzusammenhängenden Gerede hierher kommen?«

»Na ja«, sagte da der Frosch, »laß uns eben besser sein als diese menschlichen Wesen. Wir wollen nachts Ruhe geben und unsere Lieder im Herzen bewahren, auch wenn der Mond nach unseren Melodien ruft und die Sterne nach unseren Versen. Laß uns wenigstens eine Nacht stille sein oder auch zwei oder sogar drei Nächte.«

»Gut, ich bin einverstanden«, entgegnete seine Frau, »wir werden schon sehen, wie weit uns deine Großzügigkeit bringt.«

In dieser Nacht schwiegen die Frösche; und auch in der folgenden und in der übernächsten Nacht.

Die geschwätzige Frau aber, die in dem Haus am See wohnte, kam am dritten Tag zum Morgenmahl und schrie ihren Mann an: »Ich habe die letzten drei Nächte kein Auge zugetan! Mit dem Quaken der Frösche im Ohr konnte ich schlafen. Da muß etwas passiert sein. Sie haben jetzt drei Nächte lang nicht gequakt, und ich bin schon halb verrückt vor Schlaflosigkeit.«

Dies hörte der Frosch, wandte sich zu seiner

Frau und sagte, während er mit einem Auge blinzelte: »Und wir sind wegen unseres Stillseins halb verrückt geworden, nicht wahr?«

»Ja«, antwortete seine Frau, »das Schweigen in der Nacht lastete schwer auf uns. Doch jetzt, meine ich, gibt es keinen Grund mehr, zu verstummen, nur um denen etwas Gutes zu tun, die ihre Leere mit Geräuschen auffüllen müssen.«

Und in dieser Nacht riefen der Mond und die Sterne nicht mehr vergebens nach den Melodien und den Versen der Frösche.

Gesetze und Gesetzgebung

Vor langer Zeit lebte ein großer König, der sehr weise war. Eines Tages beschloß er, für seine Untertanen Gesetze zu erlassen.

Und er rief tausend weise Männer von tausend verschiedenen Stämmen zu sich in die Hauptstadt, um die Gesetze festzulegen.

Und so geschah es.

Als die tausend Gesetze auf Pergament geschrieben standen und vor dem König lagen und er sie gelesen hatte, da war er sehr betroffen, denn er hatte nicht gewußt, daß es tausend Arten von Verbrechen in seinem Königreich gab.

Er rief seinen Schreiber zu sich, und mit einem Lächeln auf den Lippen diktierte er selbst neue Gesetze. Und es waren nur noch sieben.

Die tausend Weisen aber waren verärgert und kehrten mit den Gesetzen, die sie niedergeschrieben hatten, zu ihren Stämmen zurück. Und ein jeder Stamm befolgte die Gesetze der weisen Männer.

Deshalb haben sie tausend Gesetze; bis auf den heutigen Tag.

Es ist ein großes Land, und es hat tausend Gefängnisse; diese sind voll von Männern und Frauen, welche die tausend Gesetze gebrochen haben.

Es ist wirklich ein großes Land, doch die Menschen, die dort leben, sind die Nachkommen von tausend Gesetzgebern und nur einem weisen König.

Gestern, heute und morgen

Ich sprach zu meinem Freund: »Siehst du, wie sie am Arm dieses Mannes geht? Erst gestern noch ging sie an meiner Seite.«

Und mein Freund fuhr fort: »Und morgen wird sie an der meinen gehen.«

»Sieh«, sagte ich, »sie sitzt ganz dicht neben ihm. Erst gestern noch saß sie ganz dicht bei mir.«

»Morgen«, sprach mein Freund, »wird sie bei mir sitzen.«

Ich sagte: »Schau, sie trinkt Wein aus seinem Becher, und gestern noch trank sie aus meinem.«

»Morgen wird es mein Becher sein«, erwiderte er.

Da sagte ich: »Sieh nur, sie schaut ihn voll Liebe an, mit Augen des Entzückens. Gestern blickte sie mich so an.«

Und mein Freund meinte: »Morgen werden ihre Augen auf mir ruhen.«

»Hörst du nicht ihren leisen Liebesgesang?« fragte ich. »Dieselben Lieder drangen gestern an mein Ohr.«

»Und morgen wird sie sie in meines flüstern«, entgegnete mein Freund.

»Sieh nur, sie umarmt ihn. Gestern erst umarmte sie mich.«

»Morgen wird sie mich umarmen«, sprach mein Freund.

Darauf sagte ich: »Was für eine seltsame Frau.«

Doch er antwortete: »Sie verhält sich wie das Leben, das die Menschen in sich tragen; und wie der Tod kommt sie über alle; und wie die Ewigkeit umarmt sie sie.«

Der Philosoph und der Flickschuster

Ein Philosoph, dessen Schuhe abgetragen waren, betrat einst die Werkstatt eines Flickschusters und sprach: »Bitte bringe meine Schuhe wieder in Ordnung.«

Der Schuster antwortete: »Ich repariere gerade die Schuhe eines anderen Kunden und habe vor den Eurigen noch einige andere zu flicken. Laßt darum Eure Schuhe hier und tragt heute dieses Paar. Kommt morgen wieder, dann sind die Euren fertig.«

»Ich trage keine Schuhe außer meinen eigenen«, entgegnete empört der Philosoph.

»Ihr wollt ein Philosoph sein«, meinte daraufhin der Flickschuster, »und könnt nicht die Schuhe eines anderen tragen? In dieser Straße gibt es noch einen Schuster, der versteht die Philosophen besser als ich. Geht zu ihm, und laßt Eure Schuhe dort reparieren.«

Die Brückenbauer

In Antiochia, wo der Fluß Assi ins Meer mündet, wurde eine Brücke gebaut, die die Hälfte der Stadt mit der anderen verbinden sollte. Aus schweren Felsbrocken wurde sie errichtet, welche die Maultiere von Antiochia von den Bergen herabschleppten.

Nachdem der Bau der Brücke vollendet war, wurden in einen der Pfeiler in griechischer und aramäischer Schrift die Worte eingemeißelt: ›Diese Brücke wurde von König Antiochus II. errichtet.‹

Von nun an gingen die Menschen auf dieser schönen Brücke über den Fluß Assi.

Doch eines Abends stieg ein junger Mann, der von einigen für verrückt gehalten wurde, zu dem Pfeiler mit der Inschrift hinunter. Er überstrich die Lettern mit Holzkohle und schrieb darüber: ›Die Steine dieser Brücke wurden von Maultieren von den Hügeln herabgeschleppt. Wenn ihr über diese Brücke geht, dann reitet ihr auf den Rücken der Maultiere von Antiochia, den wahren Erbauern.‹

Als die Leute lasen, was der junge Mann da geschrieben hatte, lachten einige, andere wunderten sich. Und wieder andere meinten: »Ach, wir wissen schon, wer das geschrieben hat. Das war der Verrückte.«

Und ein Maultier sagte lachend zu einem anderen: »Erinnerst du dich, wie wir diese Steine geschleppt haben? Und doch wurde bisher immer behauptet, König Antiochus habe die Brücke gebaut.«

In der Gegend von Zaad

Auf der Straße nach Zaad traf ein Reisender auf einen Mann, der in einem nahe gelegenen Dorf wohnte. Er deutete auf ein weites Feld und fragte: »Fand hier nicht die Schlacht statt, in welcher König Ahlam seine Feinde überwältigte?«

Der Mann antwortete: »Das war niemals ein Schlachtfeld; doch einst stand hier eine mächtige Stadt, die bis auf die Mauern niederbrannte. Jetzt ist es ein ertragreiches Feld.«

Der Reisende und der Mann gingen ihrer Wege.

Nach weniger als einer halben Meile stieß der Reisende auf einen anderen Mann, deutete wieder auf das Feld und sagte: »Also hier stand einst eine mächtige Stadt?«

»Hier hat nie eine Stadt gestanden, aber ein Kloster; doch das wurde von den Soldaten des Südreichs zerstört.«

Kurz danach, auf derselben Straße nach Zaad, traf der Reisende einen dritten Mann, zeigte nochmals auf das weite Land und sprach: »Dies ist wohl der Ort, wo einst ein großes Kloster stand?«

Doch der Mann antwortete: »In dieser Gegend hat es nie ein Kloster gegeben, aber unsere Väter und Vorväter haben uns erzählt, daß einmal ein großer Meteor auf diesem Feld einschlug.«

Der Reisende ging weiter und wunderte sich. Schließlich traf er einen sehr alten Mann, grüßte ihn und sprach: »Herr, auf meinem Wege habe ich drei Männer getroffen, die allesamt hier leben; und ich fragte einen jeden nach diesem Feld hier, und jeder verneinte, was der andere zuvor gesagt hatte; ein jeder erzählte mir eine neue Geschichte.«

Da blickte der alte Mann auf und antwortete: »Mein Freund, jeder dieser Männer hat dir etwas Wahres berichtet; aber nur wenige von uns sind fähig, ein Ereignis zum anderen zu fügen und eine wahre Geschichte daraus zu machen.«

Ein Gürtel voll Gold

Eines Tages begegneten sich zwei Männer auf der Straße nach Salamis, der Stadt der Säulen. Gegen Nachmittag gelangten sie an einen breiten Fluß, doch es gab dort keine Brücke. Sie mußten also entweder schwimmen oder eine andere Straße suchen.

Da sagte einer zum anderen: »Laß uns hinüberschwimmen. So breit ist der Fluß ja nicht.« Und sie sprangen in das Wasser und begannen zu schwimmen.

Doch der eine, der schon lange des Schwimmens kundig war, hatte plötzlich inmitten des Stroms keine Kraft mehr und wurde von den reißenden Wassern fortgetragen. Der andere, der nie zuvor geschwommen war, durchquerte geradewegs den Fluß und kam sicher am anderen Ufer an. Als er aber sah, daß sein Gefährte gegen die Fluten kämpfte, sprang er wieder ins Wasser und brachte ihn ans Ufer.

Da sagte der Mann, der von der Strömung fortgetragen worden war: »Du hast mir erzählt, du könntest nicht schwimmen. Wie hast du dann den Fluß mit solcher Sicherheit durchqueren können?«

»Mein Freund«, entgegnete der andere, »siehst du diesen Gürtel? Er ist voll goldener Münzen, welche ich für mein Weib und für meine Kinder erarbeitet habe, der Verdienst eines ganzen Jahres. Das Gewicht dieses Gürtels hat mich über den Fluß getragen zu meinem Weib und zu meinen Kindern. Sie waren es, die auf meinen Schultern saßen, als ich schwamm.«

Und die beiden Männer gingen miteinander weiter gen Salamis.

Rote Erde

Ein Baum sprach zu einem Mann: »Meine Wurzeln stecken tief in der roten Erde, und ich werde dir von meinen Früchten geben.«

»Wie ähnlich wir uns doch sind«, meinte der Mann. »Ich bin ebenfalls in der roten Erde verwurzelt. Sie ist es, die dir die Kraft gibt, mir von deinen Früchten zu schenken, und sie ist es, die mich lehrt, das Geschenk dankbar von dir anzunehmen.«

Vollmond

In seiner ganzen Pracht strahlte der Vollmond auf die Stadt, und alle Hunde begannen ihn anzuheulen.

Nur einer bellte nicht und sprach zu den anderen mit gewichtiger Stimme: »Mit eurem Kläffen könnt ihr weder die Ruhe aus ihrem Schlaf rütteln noch den Mond auf die Erde herabholen.«

Da verstummten alle Hunde in ehrfürchtigem Schweigen. Nur der Hund, der zuvor gesprochen hatte, fuhr fort, um Ruhe zu bellen, die ganze Nacht hindurch.

Der Prophet als Einsiedler

Ein Prophet lebte einst in einer Klause, aber dreimal im Monat ging er in die große Stadt hinab auf den Marktplatz, um dort den Menschen vom Geben und Teilen zu predigen. Da er sehr beredt war, erfüllte sein Ruhm bald das ganze Land.

Eines Abends kamen drei Männer zu seiner Klause, und er begrüßte sie. »Du hast vom Geben und Teilen gepredigt«, sagten sie, »doch du hast die, welche viel zu geben haben, bei denen gesucht, die wenig besitzen. Wir zweifeln nicht, daß dir dein Ruhm auch Reichtum eingebracht hat. Nun komm, und gib uns davon, denn wir sind bedürftig.«

Der Einsiedler antwortete, indem er sprach: »Meine Freunde, ich habe nichts als dieses Bett, diese Matte und diesen Wasserkrug. Nehmt es, wenn ihr wollt. Aber ich besitze weder Gold noch Silber.«

Enttäuscht blickten die Männer auf ihn nieder und wandten sich von ihm ab. Und als der letzte durch die Tür ging, rief er: »O du Schwindler und Betrüger! Du erzählst und lehrst von Dingen, die du selbst nicht einmal tun kannst!«

Kostbarer alter Wein

Einst lebte ein reicher Mann, welcher zu Recht stolz war auf seinen Weinkeller und die darin gelagerten Kostbarkeiten. Er hatte auch einen Krug sehr alten Weines, den er für eine ganz besondere Gelegenheit aufbewahrte.

Als der Statthalter ihn besuchte, dachte er: »Dieser Krug sollte nicht für einen einfachen Statthalter geöffnet werden.«

Und als der Bischof der Gemeinde kam, sprach er wiederum zu sich: »Nein, ich werde den Krug nicht öffnen. Der Bischof weiß weder dessen Wert zu schätzen, noch würde die Blume des Weins seinen Geruchssinn entzükken.«

Als der Fürst des Reiches ihn aufsuchte und mit ihm zu Abend speiste, meinte der Mann: »Mein Wein ist zu königlich für solch einen kleinen Herrscher.«

Und selbst an dem Tag, da sein Sohn sich

vermählte, sprach er: »Nein, diesen Gästen soll dieser Krug nicht kredenzt werden.«

Und die Jahre vergingen, und er starb als alter Mann und wurde in die Erde gelegt wie jede andere Saat auch.

Doch an dem Tag, an dem er begraben ward, wurde der alte Krug zusammen mit anderen Weinkrügen an die Bauern der Umgebung verteilt. Und keiner von ihnen ahnte auch nur dessen gewaltiges Alter.

Denn für sie ist Wein, der in einen Becher fließt, nichts als Wein.

Die zwei Gedichte

Es ist viele hundert Jahre her, da trafen sich auf der Straße nach Athen zwei Dichter; und sie freuten sich, einander zu sehen.

Da fragte der eine Dichter: »Was hast du zuletzt gedichtet, und was macht dein Lyraspiel?«

Der andere Dichter antwortete voller Stolz: »Eben habe ich das größte meiner Gedichte vollendet, vielleicht das gewaltigste Werk, das je in Hellas geschrieben wurde. Es ist eine Anrufung des allmächtigen Zeus.«

Er holte eine Pergamentrolle unter seinem Mantel hervor und sagte: »Hier, sieh nur, ich habe es bei mir, und ich möchte es dir gerne vorlesen. Komm, wir wollen uns in den Schatten dieser weißen Zypresse setzen.«

Und der Dichter las; es war ein langes Gedicht.

»Das ist ein großartiges Werk«, sagte anerkennend der andere Poet. »Es wird die Zeiten

überdauern und dir ewigen Ruhm einbringen.«

Gelassen meinte da der erste Dichter: »Und was hast du in letzter Zeit verfaßt?«

»Ich habe nur wenig geschrieben; insgesamt nur acht Zeilen im Gedenken an ein Kind, das in einem Garten spielt.« Und er rezitierte seine Verse.

»Nicht schlecht«, bemerkte der erste Dichter.

Daraufhin ging jeder seines Weges.

Nun aber – nach zweitausend Jahren – werden die acht Zeilen des einen Dichters in jeder Sprache gelesen, und sie werden überall geliebt und geschätzt.

Das andere Gedicht jedoch kam im Lauf der Jahrhunderte in Bibliotheken und in die Stuben der Gelehrten. Aber – obwohl es bekannt ist – wird es weder geliebt noch gelesen.

Lady Ruth

Drei Männer blickten einst von ferne auf ein weißes Haus, das allein auf einem grünen Hügel stand. Einer von ihnen sagte: »Das ist das Haus von Lady Ruth. Sie ist eine alte Hexe.«

»Du irrst«, meinte der zweite Mann, »Lady Ruth ist eine wunderschöne Frau; sie lebt dort und hält ihre Träume heilig.«

Und der dritte sprach: »Ihr habt beide unrecht. Lady Ruth gehört das ganze weite Land hier ringsum, und sie saugt das Blut aus ihren Leibeigenen.«

Sie gingen weiter und sprachen über Lady Ruth.

An einer Weggabelung stießen sie auf einen alten Mann, und einer von ihnen fragte ihn: »Könnt Ihr uns etwas über Lady Ruth berichten, die dort oben auf den Hügeln in dem weißen Haus lebt?«

Der alte Mann blickte auf, lächelte und

sprach: »Ich bin jetzt neunzig Jahre alt, und ich erinnere mich an Lady Ruth, die lebte, als ich noch ein Knabe war. Doch sie starb vor achtzig Jahren, und heute steht das Haus leer. Manchmal schreien die Eulen darin, und die Leute sagen, es würde dort spuken.«

Die Katze und die Maus

Ein Dichter traf einst eines Abends einen Bauern. Der Bauer war zurückhaltend und der Dichter verlegen; dennoch kamen sie in ein Gespräch.

»Ich will dir eine kleine Geschichte erzählen, die ich kürzlich hörte«, sagte der Bauer. »Eine Maus war in eine Falle geraten, und während sie genüßlich den Käse verspeiste, der dort lag, schlich sich eine Katze heran. Zunächst erschrak die Maus fürchterlich, doch dann wurde ihr bewußt, daß sie in der Falle in Sicherheit war.

›Du verspeist gerade deine letzte Mahlzeit, mein Freund‹, lachte die Katze.

›Ja‹, antwortete die Maus, ›ich weiß. Ich habe nur ein Leben und daher auch nur einen Tod. Aber was ist mit dir? Man sagt, du hättest neun Leben. Heißt das nicht, daß du auch neunmal sterben mußt?‹«

Der Bauer blickte den Dichter an und

fragte: »Ist das nicht eine merkwürdige Geschichte?«

Der Dichter antwortet ihm nicht, sondern ging von dannen und überlegte. »Sicher, wir haben neun Leben. Und wir werden neunmal sterben. Vielleicht wäre es wohl besser, nur ein Leben zu haben und in einer Familie gefangen zu sein – wie der Bauer, mit einem Stück Käse für die letzte Mahlzeit. Und doch – sind wir nicht den Löwen der Wüste und des Dschungels ähnlicher?«

Der Fluch

»Es ist dreißig Jahre her«, erzählte mir ein alter Seemann, »daß ein Matrose mit meiner Tochter auf und davon ging. Ich verfluchte sie beide, denn ich liebte nichts auf der Welt mehr als meine Tochter.

Nicht lange danach versank der junge Mann mit seinem Schiff auf den Grund des Meeres, und so verlor ich auch meine geliebte Tochter.

Du hast nun also den Mörder eines jungen Mannes und eines Mädchens vor dir. Mein Fluch hat sie vernichtet. Und jetzt, auf dem Weg zum Grabe, suche ich die Gnade Gottes.«

So sprach der alte Mann. Doch lag in seinen Worten ein Ton von Prahlerei; und es schien, als ob er auch noch stolz wäre auf die Kraft seines Fluches.

Die Granatäpfel

Einst lebte ein Mann, der hatte viele Granatäpfelbäume in seinem Obstgarten stehen. Gar manchen Herbst legte er die reifen Früchte auf ein silbernes Tablett vor sein Haus und schrieb dazu: »Nimm eine Frucht und sei willkommen.«

Doch die Leute gingen vorüber, und keiner nahm eine Frucht.

Da besann sich der Mann, und im nächsten Herbst legte er keine Granatäpfel mehr auf einem silbernen Tablett vor sein Haus, sondern schrieb mit großen Lettern auf ein Schild: »Hier gibt es die besten Granatäpfel weit und breit, doch sie kosten mehr als irgendwo sonst.«

Und siehe, alle Männer und Frauen der Gegend strömten herbei, um eiligst zu kaufen.

Gott und Götter

In der Stadt Kilafis stand ein Sophist auf den Stufen des Tempels und predigte, daß da viele Götter seien.

Und die Menschen dachten sich: »Das wissen wir alles. Leben sie nicht mit uns, und folgen sie uns nicht, wohin wir auch gehen?«

Nicht lange danach stand ein anderer Mann auf dem Marktplatz und rief: »Es gibt keinen Gott!« Und viele, die ihn hörten, freuten sich über seine Botschaft, denn sie hatten Angst vor den Göttern.

Und eines anderen Tages kam ein Mann von großer Beredsamkeit und lehrte: »Es gibt nur einen Gott.« Jetzt waren die Menschen bestürzt, denn insgeheim fürchteten sie das Gericht eines einzigen Gottes mehr als den Zorn vieler Götter.

Zur selben Zeit kam aber noch ein anderer Mann, der sprach zu den Leuten: »Es gibt drei Götter. Sie thronen über dem Wind als ein

einziger Gott, und sie haben eine mächtige und barmherzige Mutter, die sowohl ihre Gattin als auch ihre Schwester ist.«

Da war ein jeder beruhigt und sagte sich insgeheim: »Drei Götter in einem werden über unsere Verfehlungen uneins sein, und außerdem wird ihre gnädige Mutter sicher einen guten Anwalt für uns arme, schwache Geschöpfe darstellen.«

Und bis auf den heutigen Tag gibt es in der Stadt Kilafis Menschen, die miteinander streiten, ob es viele Götter oder keinen Gott gibt, oder nur einen oder gar drei in einem samt ihrer wohlwollenden Mutter.

Die taube Frau

Einst lebte ein reicher Mann, der ein junges Weib hatte, das vollkommen taub war.

Eines Morgens, als sie gerade aßen, sagte sie zu ihm: »Gestern war ich auf dem Marktplatz; dort zeigte man seidene Gewänder aus Damaskus, Tücher aus Indien, Halsketten aus Persien und Armbänder aus Amman. Anscheinend haben die Karawanen diese Sachen gerade erst in unsere Stadt gebracht. Und nun schau mich an, das Weib eines reichen Mannes und in Lumpen gehüllt. Ich möchte etwas von diesen schönen Dingen haben.«

Der Mann, der noch mit seinem Morgentrank beschäftigt war, sagte: »Meine Liebe, es gibt *keinen* Grund, warum du nicht hingehen und alles kaufen solltest, was dein Herz begehrt.«

Doch die taube Frau rief: »*Nein!* Immerzu sagst du ›nein‹. Muß ich denn in Fetzen bei

unseren Freunden erscheinen und deine Wohlhabenheit und meine Verwandten beschämen?«

Der Mann antwortete: »Ich habe nicht *›nein‹* gesagt. Geh nur zum Marktplatz und wähle dir die schönsten Schmuckstücke und Juwelen aus, die in der Stadt eingetroffen sind.«

Doch wiederum mißdeutete die Frau seine Worte und erwiderte: »Von allen reichen Männern bist du der geizigste. Du willst mir verweigern, was schön und begehrenswert ist, während andere Frauen meines Alters in den Gärten der Stadt stolzieren und mit wertvollen Gewändern angetan sind.«

Sie begann zu weinen, und als ihr die Tränen auf die Brust fielen, schrie sie abermals auf: »Immer heißt es ›nein‹, wenn ich mir nur ein Kleid oder Juwelen wünsche.«

Ihr Gatte war bewegt und erhob sich, nahm eine Handvoll Gold aus seiner Börse und legte es vor sie hin. Dann sprach er mit freundlicher Stimme: »Geh zum Marktplatz, meine Liebe, und kaufe alles, was du möchtest.«

Von diesem Tag an kam die taube Frau, wenn sie etwas begehrte, mit Tränen in den

Augen zu ihrem Mann, und wortlos legte er eine Handvoll Gold in ihren Schoß.

Nun geschah es, daß sich die junge Frau in einen Jüngling verliebte, der oftmals lange Reisen zu unternehmen hatte. Und wann immer er fort war, saß sie an ihrem Fenster und weinte.

Wenn ihr Mann sie so weinend fand, dachte er bei sich: »Es müssen neue Karawanen angekommen sein mit seidenen Gewändern und seltenen Edelsteinen.«

Und er nahm eine Handvoll Gold und legte es vor sie hin.

Die Frage

Vor tausend Jahren trafen sich zwei Philosophen in einem Tal des Libanon, und der eine fragte den anderen: »Wohin gehst du?«

Und der andere antwortete: »Ich bin auf der Suche nach der Quelle der Jugend, von der ich weiß, daß sie zwischen diesen Hügeln entspringt. Ich habe Schriften gefunden, die davon berichten, daß sie der Sonne zufließt. Und du, wonach suchst du?«

»Ich suche das Geheimnis des Todes«, entgegnete der erste.

Da kam jeder der beiden Philosophen auf den Gedanken, daß der andere sich in seiner Wissenschaft gewaltig irrte, und sie begannen zu streiten und sich gegenseitig geistige Blindheit vorzuwerfen. Während die zwei stritten, kam ein Fremder vorüber, den man in der Stadt für einen Einfaltspinsel hielt. Als er die beiden in heftigem Disput erblickte, blieb er stehen und hörte sich ihre Argumente an.

Dann trat er zu ihnen und sprach: »Es scheint, daß ihr beide derselben Philosophieschule angehört und daß ihr von derselben Sache sprecht, nur in verschiedenen Worten. Der eine von euch sucht die Quelle der Jugend, der andere das Geheimnis des Todes. Doch in Wahrheit ist dies dasselbe, und es wohnt als eines auch in euch beiden.«

Daraufhin wandte sich der Fremde ab und rief: »Lebt wohl, ihr Weisen.« Und als er ging, lachte er mitleidig über sie.

Kurze Zeit blickten sich die beiden Philosophen schweigend an, dann begannen auch sie zu lachen. Und der eine von ihnen sagte: »Nun gut, wollen wir nicht gehen und gemeinsam suchen?«

Das Zepter

Ein König sprach zu seiner Frau: »Weib, du bist wahrlich keine Königin. Zu gewöhnlich bist du und zu widerwärtig, um meine Gattin zu sein.«

Seine Frau sprach: »Herr, Ihr haltet Euch für den König, doch in Wahrheit seid Ihr nichts als ein bedauernswerter Aufschneider.«

Diese Worte erregten den König, und er nahm sein goldenes Zepter und schlug damit der Königin auf die Stirn. In diesem Augenblick trat der Haushofmeister ein und rief: »Nur zu, Majestät! Dieses Zepter wurde vom größten Künstler des Landes angefertigt. Eines Tages werdet Ihr und die Königin vergessen sein, doch dieses Zepter wird aufbewahrt werden als ein Stück Schönheit, von Generation zu Generation. Und jetzt, da das Blut von Ihrer Majestät Stirn an ihm klebt, wird es noch mehr beachtet werden und in Erinnerung bleiben.«

Der Pfad

An den Hügeln des Libanon lebte einst eine Frau mit ihrem Sohn, der ihr Erstgeborener war und ihr einziges Kind.

Und dieser Knabe starb am Fieber, während der Arzt daneben stand.

Die Mutter, verzweifelt und vom Schmerz erschüttert, schrie den Arzt flehentlich an: »Sag mir doch, was war es, das sein Spiel und sein Lied verstummen ließ?«

»Es war das Fieber«, erwiderte der Arzt.

Und die Mutter fragte: »Was ist das – Fieber?«

»Ich kann es dir nicht erklären«, antwortete der Arzt. »Es ist etwas, das unendlich klein ist, unseren Körper aufsucht und das das menschliche Auge nicht sehen kann.«

Daraufhin verließ sie der Arzt. Doch sie verharrte und wiederholte: »Etwas, das unendlich klein ist; und wir können es nicht sehen.«

Am Abend kam der Priester zu ihr, um ihr Trost zu spenden. Sie weinte und rief: »O, warum habe ich meinen Sohn verloren, meinen einzigen Sohn, meinen Erstgeborenen?«

Und der Priester antwortete: »Es ist Gottes Wille, mein Kind.«

Da rief die Frau: »Was ist Gott, und wo ist er? Ich will Ihn sehen, damit ich meine Tränen vor Ihm vergieße und mit meinem Herzblut Seine Füße benetze. Sage mir, wo ich Ihn finden kann.«

»Gott ist unendlich groß«, sagte da der Priester, »und Er ist vor den Augen der Menschen verborgen.«

»Das unendlich Kleine«, rief die Frau laut, »hat mir meinen Sohn genommen nach dem Willen des unendlich Großen. Was aber sind dann wir?«

In diesem Augenblick trat die Mutter der Frau ein mit dem Totenhemd für den Knaben; und sie vernahm die Worte des Priesters und das Weinen ihrer Tochter. Da legte sie das Totenhemd nieder, faßte ihre Tochter bei der Hand und sprach: »Meine Tochter, wir selbst sind das unendlich Kleine und das unendlich Große; aber wir sind auch der Pfad zwischen beiden.«

Der Wal und der Schmetterling

Ein Mann und eine Frau, die sich von früher her kannten, saßen einst zusammen in einer Postkutsche.

Es war schon Abend geworden, und der Mann, der ein Dichter war, wollte die Frau mit Geschichten unterhalten. Manche davon stammten aus seiner Feder, andere wieder nicht.

Doch während er erzählte, nickte die Dame ein. Als die Kutsche plötzlich einen gewaltigen Ruck machte, erwachte die Frau und sagte: »Ich bewundere Eure Auslegung der Geschichte von Jonas und dem Wal.«

Da meinte der Dichter: »Aber gnädige Frau, ich habe Euch doch meine Geschichte über einen Schmetterling und eine weiße Rose erzählt, und wie die beiden miteinander umgingen.«

Ansteckender Friede

Ein Blütenzweig sagte zu seinem Nachbarn: »Heute ist ein öder und leerer Tag.« »Er ist wirklich öd und leer«, entgegnete der andere Zweig.

In diesem Augenblick setzte sich ein Sperling auf einen der Zweige und gleich daneben noch einer.

Und einer von ihnen zwitscherte und sagte: »Meine Frau hat mich verlassen.«

Da rief der andere: »Auch meine Frau ist fort, und sie wird nicht wiederkommen. Doch was kümmert's mich?«

Dann fingen die beiden an zu schimpfen und zu zanken, und bald stritten sie und machten einen fürchterlichen Lärm.

Plötzlich kamen zwei weitere Spatzen geflogen und setzten sich ruhig neben die aufgeregten beiden. Und da war auf einmal Frieden.

Kurz darauf flogen die vier paarweise da-

von. Und der erste Zweig sagte zu seinem Nachbarn: »Das war ein ziemliches Durcheinander.« »Nenne es, wie du willst, jetzt ist alles friedvoll und still«, antwortete der andere Zweig. »Wenn der Himmel Frieden stiften will, haben scheinbar auch wir in den Niederungen etwas davon. Willst du dich vom Wind nicht etwas näher zu mir rücken lassen?«

Der erste Zweig sagte: »O ja, vielleicht um des Friedens willen, ehe der Frühling vorüber ist.«

Und er ließ sich vom Wind zu seinem Nachbarn tragen und umarmte ihn.

Der Schatten

An einem Tag im Juni sprach das Gras zum Schatten einer Ulme: »Du bewegst dich pausenlos hin und her. Und das stört mich in meiner Ruhe.«

Der Schatten aber antwortete: »Nicht ich bin das. Blicke einmal nach oben. Dort steht ein Baum, der sich im Wind nach Osten und nach Westen und zwischen der Sonne und der Erde bewegt.«

Das Gras blickte empor, und zum ersten Mal nahm es den Baum wahr. Darauf sprach es zu sich: »Schau an, es gibt Gras, das noch größer ist als ich.«

Und von nun an schwieg es.

Siebzig Jahre

Der junge Dichter sagte zur Fürstin: »Ich liebe dich.«

»Ich liebe dich auch, mein Kind«, erwiderte die Fürstin.

»Ich bin aber nicht dein Kind. Ich bin ein Mann und liebe dich.«

Da sprach die Fürstin: »Siehe, ich bin die Mutter von Söhnen und Töchtern, und auch sie sind die Väter und Mütter von Söhnen und Töchtern; und einer der Söhne meiner Söhne ist älter als du.«

Doch der junge Dichter beharrte: »Aber ich liebe dich.«

Nicht lange danach starb die Fürstin. Und noch ehe ihr letzter Atemzug die Weite der Unendlichkeit erreicht hatte, sprach sie in ihrer Seele: »Mein Geliebter, mein einziger Sohn, mein junger Dichter, eines Tages werden wir uns wiedersehen, und ich werde dann keine siebzig Jahre alt sein.«

Gott-Finden

Zwei Männer stiegen ins Tal hinab, und einer von ihnen deutete nach der Bergkette und sprach: »Siehst du die Einsiedlerklause da droben? Dort lebt ein Mann, der sich schon lange von der Welt getrennt hat. Er sucht Gott und nichts als Gott auf dieser Erde.«

»Er wird Gott nicht finden«, meinte der andere, »solange er seine Klause und sein Einsamsein dort oben nicht aufgibt und in die Welt zurückkehrt, um unsere Freude und unseren Schmerz zu teilen, bei unseren Hochzeiten zu tanzen und mit denen zu weinen, die an den Särgen unserer Toten stehen.«

Der erste Mann war auch überzeugt davon, aber ungeachtet dessen sprach er: »Ich stimme allem, was du sagst, bei, doch ich glaube, der Einsiedler ist ein guter Mensch. Könnte es nicht auch sein, daß ein aufrechter Mann durch seine Abgeschiedenheit Besseres vollbringt als die scheinbare Rechtschaffenheit vieler Menschen?«

Der Fluß

Im Tal von Kadisha, wo der mächtige Fluß strömt, kamen zwei Seitenarme zusammen und unterhielten sich.

»Wie geht es dir, mein Freund«, fragte der eine, »und wie war dein Weg?«

»Mein Weg war beschwerlich«, antwortete der andere. »Ein Mühlrad war gebrochen, und der Bauer, der mich stets von meinem Bett zu seinen Feldern führte, ist tot. Ich bäumte mich auf gegen das Versickern im Schmutze derer, die den ganzen Tag nichts zu tun haben, als ihre Faulheit in der Sonne zu braten. Doch wie war dein Weg, mein Bruder?«

»Mein Weg war ganz anders. Ich kam die Hügel herab zwischen duftenden Blüten und stillen Weiden. Männer und Frauen tranken aus mir mit silbernen Bechern, und kleine Kinder planschten mit ihren rosigen Füßen an meinen Uferrändern, und überall herum gab es Gelächter und Gesang. Wie traurig, daß dein Weg nicht auch so schön verlief.«

In diesem Augenblick sprach der große Fluß mit mächtiger Stimme: »Herein, nur herein, wir fließen dem Meer zu! Herein, und hört zu sprechen auf. Kommt jetzt mit mir! Wir fließen zum Meer. Kommt, bei mir werdet ihr eure Wanderungen vergessen, ob sie nun schön oder beschwerlich waren. Kommt! Ihr und auch ich, wir werden alle unsere Wege vergessen, wenn wir das Herz unserer Mutter, die See, erreicht haben.«

Die beiden Jäger

An einem Tag im Mai trafen sich die Freude und die Trauer an einem See. Sie begrüßten einander, setzten sich an das ruhige Wasser und unterhielten sich.

Die Freude sprach von der Schönheit auf Erden und vom täglichen Wunder des Lebens im Wald und auf den Hügeln und von den Liedern, welche sie am Morgen und am Abend vernommen.

Und die Trauer stimmte allem zu, was die Freude gesagt hatte; denn sie wußte von dem Zauber und der Schönheit dieser Stunde. Und sehr beredt berichtete sie vom Mai in den Feldern und auf den Hügeln.

Die Freude und die Trauer sprachen lange miteinander, und sie stimmten in allem überein, was sie sich erzählten.

Da kamen am anderen Ufer des Sees zwei Jäger vorbei. Als sie über das Wasser blickten, fragte einer: »Wer sind diese beiden Gestal-

ten?« Und der andere sprach: »Sagtest du zwei? Ich sehe nur eine.«

»Doch, es sind zwei«, meinte der erste Jäger. Und der andere entgegnete: »Da ist nur eine Gestalt, die andere ist nur das Spiegelbild im Wasser.«

»Nein, es sind zwei«, gab der erste Jäger zurück, »und auch im Wasser spiegeln sich zwei Gestalten.«

Und wieder sagte der zweite Mann: »Ich kann nur eine sehen.« Und der andere meinte wieder: »Es sind zwei, ich sehe es ganz deutlich.«

Und bis auf den heutigen Tag behauptet der eine Jäger, daß sein Kamerad doppelt sähe, während der andere sagt: »Mein Freund ist ein bißchen blind.«

Der andere Wanderer

Ich traf einmal einen Mann auf der Landstraße. Er wirkte leicht verwirrt und sprach mich folgendermaßen an: »Ich bin ein Wanderer. Oftmals scheint es, ich würde inmitten von Zwergen auf der Erde schreiten. Aber da mein Haupt siebzig Ellen höher als ihre Köpfe über der Erde ist, schöpft es weitere und freiere Gedanken. In Wirklichkeit wandle ich also nicht inmitten von Menschen, sondern über ihnen, und alles, was sie von mir sehen können, sind meine Fußspuren auf ihren Feldern. Oft habe ich sie über die Form und die Größe meiner Spuren rätseln gehört. Manche sagen: ›Das sind die Fußspuren eines Mammuts, das in längst vergangenen Zeiten über die Erde streifte.‹ Und andere wiederum meinen: ›Nein, das sind die Stellen, an denen Meteore von weit entfernten Sternen einschlugen.‹ Doch du, mein Freund, du weißt genau, daß dies nur die Fußspuren eines Wanderers sind.«